Un mundo mejor, nuestra serie de historias inspiradoras para aprender a cambiar y mejorar el mundo, pretende aproximar a los niños a toda una serie de héroes cotidianos.

Son protagonistas que tuvieron una idea genial para mejorar las condiciones de vida de las personas o del medioambiente y han demostrado el talento y la capacidad para poner esas ideas en práctica de manera productiva.

Algunos de los títulos de esta serie han sido concebidos en colaboración con la **Fundación Ashoka**, una de las principales asociaciones internacionales que apoya el emprendimiento social y descubre a sus principales protagonistas.

Autor
Philippe Zwick Eby

Ilustraciones
Ekaterina Goncharova

Traducción
Susana Rodríguez

Dirección de la colección
Eva Moll de Alba

Maquetación
Sara Pintado

Esta obra ha recibido una ayuda a la edición del Ministerio de Cultura y Deporte

© **Vegueta Ediciones**
Roger de Llúria, 82, principal 1ª
08009 Barcelona
veguetaediciones.com

Primera edición: octubre de 2021
ISBN: 978-84-17137-66-3
Depósito legal: B 13319-2021

Impreso y encuadernado en España

¿Quieres saber más sobre Jadav Payeng?

 Aquí encontrarás citas de los protagonistas. Las citas son frases que ellos realmente dijeron o escribieron.

 ¿Deseas saber más sobre Jadav Payeng? El icono de la planta de semillero te mostrará información más detallada.

 ¿Este tema te interesa? Junto al icono de los libros hallarás historias y contenidos apasionantes.

 ¿A veces piensas en el mundo que nos rodea? Junto al dibujo del mundo, encontrarás preguntas para las que cada uno tiene su propia respuesta. ¿Cuál es la tuya?

PHILIPPE
ZWICK EBY

EKATERINA
GONCHAROVA

JADAV PLANTA UN BOSQUE

Esta es la historia de alguien
que, con su determinación
y esfuerzo, ha conseguido algo
tan valioso como mejorar
la vida de los demás
y poner su grano de arena
para construir un mundo mejor.

Vegueta 🏠 Infantil

India
Jadav vive en la India, un gran país que se encuentra en el continente asiático. Aunque allí se hablan más de cien lenguas diferentes, la mayoría de los habitantes emplea el hindi y el inglés.

Jadav Payeng
Jadav Payeng, apodado «Molai», nació en 1963 en la India, en la región de Assam. Jadav lleva cuarenta años plantando un árbol cada día. Sus árboles se han convertido ya en una enorme selva a la que la gente llama, en su honor, el bosque de Molai.

Este es Jadav.
Jadav vive en un país muy lejano. Muy muy lejano.

Jadav y su madre fueron a la ciudad para comprar fruta y verdura. En los mercados de la India hay un olor indescriptible. Allí venden unas especias de las que ni siquiera habrás oído hablar.

—¡Ay! —se lamenta su madre—. ¡Qué caro está todo!

—¿Cuándo volvemos a casa? —pregunta Jadav. A él no le gusta nada la ciudad.

«Los habitantes de las ciudades han destruido la naturaleza. Esa gente me altera».

Jadav Payeng

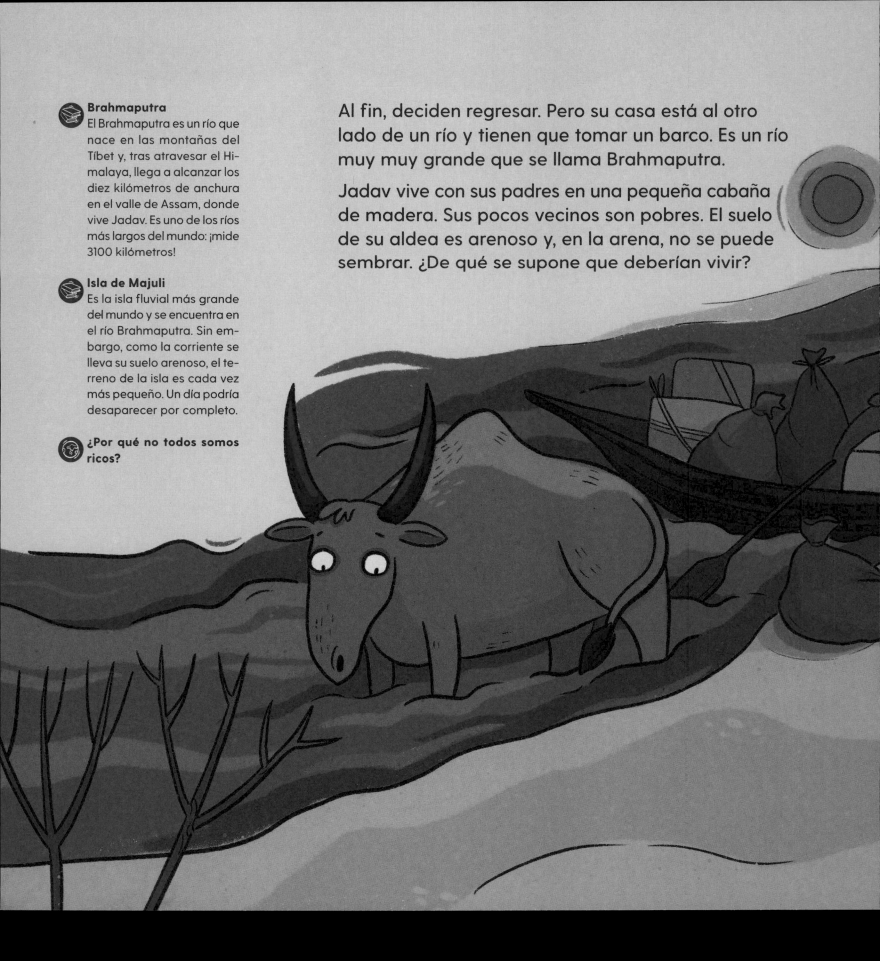

Brahmaputra

El Brahmaputra es un río que nace en las montañas del Tíbet y, tras atravesar el Himalaya, llega a alcanzar los diez kilómetros de anchura en el valle de Assam, donde vive Jadav. Es uno de los ríos más largos del mundo: ¡mide 3100 kilómetros!

Isla de Majuli

Es la isla fluvial más grande del mundo y se encuentra en el río Brahmaputra. Sin embargo, como la corriente se lleva su suelo arenoso, el terreno de la isla es cada vez más pequeño. Un día podría desaparecer por completo.

¿Por qué no todos somos ricos?

Al fin, deciden regresar. Pero su casa está al otro lado de un río y tienen que tomar un barco. Es un río muy muy grande que se llama Brahmaputra.

Jadav vive con sus padres en una pequeña cabaña de madera. Sus pocos vecinos son pobres. El suelo de su aldea es arenoso y, en la arena, no se puede sembrar. ¿De qué se supone que deberían vivir?

La familia de Jadav tiene tres vacas que se pasan el día en el agua porque hace mucho calor.

«¿Por qué no hay árboles aquí? —pregunta Jadav a su padre—. Los árboles podrían dar sombra a las vacas».

JORHAT

Monzón

La India es un país muy caluroso. Casi nunca llueve. Pero cada año, de julio a septiembre, se desatan fuertes vientos que traen consigo nubes de lluvia. Durante tres meses llueve sin parar. Este fenómeno meteorológico se denomina monzón.

Inundación

Las raíces de los árboles son las encargadas de absorber el agua de la lluvia que cae en la tierra.

Si no hay plantas, el agua que la tierra no es capaz de retener desemboca en los ríos, que crecen de manera descontrolada provocando una inundación.

Las inundaciones son devastadoras, muy peligrosas para humanos y animales.

En Assam el río se desborda todos los años.

En este lejano país hace un calor insoportable durante todo el año. Pero en verano comienza la temporada de lluvias. Y llueve mucho. Llueve sin parar. Llueve día y noche.

«¿A dónde irá toda esta agua?», se pregunta Jadav.

El río crece de golpe. Su caudal deja de discurrir tranquilamente y se convierte en un torrente salvaje que, además, ensancha su cauce para dar cobijo a todo ese exceso de agua.

El agua se acerca cada vez más.
Jadav y sus padres tienen que abandonar
su hogar a toda prisa.

El río se lleva su casa.
Y se lleva sus vacas.
Y sus barcas.
Su madre llora.

«¡Odio este maldito río! —solloza—. Se lleva
una y otra vez todo lo que tenemos.
¡Quiero marcharme de aquí!».

«Todos los años, durante el monzón, esta tierra se aísla del resto del mundo. Todo queda arrasado».

Jadav Payeng

¿Para qué aprendemos?

Los padres de Jadav deciden marcharse de la isla.

«¡Quiero quedarme aquí! —protesta Jadav—.
¡Quiero seguir yendo a la escuela!».

Jadav consigue que le dejen quedarse.
Es un buen estudiante.

Cada año, el río crece y arrasa con todo a su paso. Tras el agua, solo queda la arena.

Cuando Jadav cumple dieciséis años, la inundación es especialmente devastadora. El agua por fin vuelve a su cauce, pero el muchacho hace un terrible descubrimiento: sobre la arena yacen los cuerpos de un montón de serpientes de agua. No se mueven.

«Las pobres no han sobrevivido a la inundación», piensa Jadav muy triste.

«Hacía mucho calor y allí no había árbol alguno. Aquellas serpientes no habrían muerto si hubieran encontrado una sombra bajo la que cobijarse».

Jadav Payeng

Serpientes de agua

Hay más de cincuenta tipos que, como el resto de las serpientes, pertenecen al grupo de los reptiles.

Miden entre uno y dos metros de largo y pueden permanecer sumergidas, en profundidades que alcanzan los 180 metros, hasta dos horas.

Las serpientes de agua son venenosas y pueden matar, pero rara vez atacan a los humanos.

Suelen vivir en el mar o en ríos caudalosos.

¿Te has encontrado alguna vez un animal muerto?

¿Qué hiciste con él?

«Eché un vistazo a mi alrededor y me pregunté: "¿Que puedo hacer yo?". Así que consulté a mis maestros. Todos me dijeron que plantar bambú era la única solución. Si se planta bambú, las serpientes sobrevivirán».

Jadav Payeng

Bambú
El bambú es una planta de la familia de las gramíneas que crece bastante rápido. Sus tallos largos y delgados, huecos por dentro, miden de 1,5 a 9 metros de alto. Sin embargo, hay también una especie que alcanza ¡hasta 40 metros de altura! Después de un tiempo, sus tallos se vuelven leñosos. Aunque muy ligeras, son plantas bastante estables y flexibles. En Asia, se usan para fabricar tejados, muebles, vallas, tuberías, ropa y hasta palillos. Pero eso no es todo: también se comen... ¡y están deliciosas!

En la escuela, Jadav les pregunta a sus maestros:
—¿Por qué murieron las serpientes?
—Esos animales necesitan sombra. De lo contrario, se secan —le responden.
—Hmmm... ¿Y qué podría hacer yo para conseguir que tuvieran sombra?

—Habría que plantar bambú —le explican los profesores—.
Así las serpientes sobrevivirían aunque hiciese mucho
calor.

Al día siguiente, Jadav se pone manos a la obra y
planta veinte árboles jóvenes de bambú en el suelo
de arena seca.

«Fue difícil, pero lo conseguí. Nadie me ayudó. A nadie le interesaba lo que hacía».
Jadav Payeng

¿Has plantado alguna vez una planta?

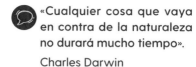

La erosión del suelo

Las raíces de las plantas forman una especie de malla que protege el suelo y lo mantiene unido. Sus hojas, además, lo resguardan del viento y la lluvia. Cuando se talan los árboles, el suelo se seca con rapidez y la tierra se dispersa.

Árboles

Los árboles son esenciales para la vida. Además de madera para construir, nos proporcionan la pulpa para hacer papel. También nos dan muchos tipos de frutos. Y, sobre todo, nos ayudan a mantener nuestro aire limpio y nuestros ecosistemas sanos. ¿Cómo? Los humanos inhalamos oxígeno y exhalamos dióxido de carbono. Los árboles, en cambio, inhalan dióxido de carbono y exhalan el oxígeno que nosotros necesitamos. ¡Ellos son los encargados de limpiar el aire!

¿Está nuestra vida determinada desde el principio?

Una vez más, la inundación lo arrasa todo. Espera... En realidad, no todo: ¡los retoños de bambú de Jadav siguen en pie! Y han crecido sus hojas, unas hojas verdes y frescas.

¡Funciona! Jadav está tan contento que se pone de inmediato a plantar nuevos arbolitos de bambú en la arena.

Jadav quiere saberlo todo de las plantas.
Pregunta. Escucha. Lee.

Ha aprendido que a algunas plantas les gusta mucho el sol. Y a otras no.

«El sistema educativo debería incluir una asignatura que obligara a cada estudiante a plantar al menos dos árboles y producirse así su propio oxígeno. Si no lo hicieran, suspenderían el examen. Espero que la gente, en la India y en el resto de los países, se una para recuperar el verde de nuestro planeta. Así volvería a ser un hermoso lugar en el que vivir».

Jadav Payeng

Árbol Kapok

El Kapok, llamado comúnmente ceiba, crece en las selvas tropicales de África, Asia y América. Es mucho más alto que el resto de los árboles, pues ¡alcanza hasta 60 metros de altura! Su enorme copa es como una sombrilla: protege las plantas de debajo de los rayos y absorbe todo el sol que él necesita. Su tronco, cubierto de espinas, puede medir hasta 3 metros de diámetro. Se mantiene en pie gracias a unas raíces que sobresalen de la tierra.

Deforestación

A lo largo de los años, los humanos nos hemos dedicado a talar los bosques para extraer madera y convertirlos en tierras de cultivo o para construir casas y caminos. A este proceso se le denomina deforestación.

Cuando esto sucede, muchos animales y plantas pierden su hogar. En la actualidad, hay muchas especies en peligro de extinción por este motivo.

Las partes de un árbol

Raíces

Las raíces crecen bajo tierra. La cantidad y el tamaño de las raíces es directamente proporcional a la parte que crece sobre el suelo. Su principal función es sostener el árbol, además de absorber el agua y los nutrientes y almacenarlos.

Tronco

El tronco del árbol le proporciona su forma y sostiene la copa. Se encarga de transportar el agua y los nutrientes del suelo y el azúcar de las hojas.

Ramas

Las ramas proporcionan el soporte para distribuir las hojas, según el tipo de árbol y el ecosistema en el que vive. También sirven como conductos para el agua y los nutrientes.

Hojas

Las hojas son las fábricas de alimentos de un árbol. Ellas recogen energía del sol y la transforman en azúcar. A este proceso se le llama fotosíntesis.

Copa

La copa es la parte superior del árbol, compuesta de ramas y hojas, que eliminan el agua extra y dan sombra para mantener la planta a una temperatura óptima. Existen copas de muchas formas y tamaños.

Algunas plantas necesitan mucha agua.
Y otras no.

Algunas plantas necesitan mucho espacio.
Y otras no.

 Tipos de árboles

Hay dos tipos de árboles: de hoja caduca y de hoja perenne.

Árboles de hoja caduca

Los árboles de hoja caduca pierden todas sus hojas durante una parte del año. En climas fríos, esto sucede en otoño y los árboles permanecen desnudos todo el invierno. En climas cálidos y secos, los árboles caducifolios suelen perder sus hojas durante la estación seca.

Árboles de hoja perenne

Los árboles de hoja perenne también pierden sus hojas, pero no todas al mismo tiempo. Solo se desprenden de ellas para dejar paso a los nuevos brotes.

 Fotosíntesis

Las plantas necesitan energía para crecer. Esta energía es el azúcar. Pero ¿de dónde lo sacan?

¡De eso se encargan las hojas! Ellas convierten la luz del sol en azúcar. ¿Cómo?

A través de una sustancia llamada clorofila, que les da su color verde. La clorofila utiliza la energía solar para convertir el dióxido de carbono de la atmósfera y el agua del suelo en azúcar y oxígeno, que se libera de nuevo a la atmósfera. El azúcar es la comida del árbol.

«Cada vez que encuentro un terreno vacío siembro unas semillas. Es la manera de que el bosque crezca. Así he alimentado este bosque: plantando semillas, una a una».

Jadav Payeng

Oasis

Un oasis es un terreno con vegetación que crece en mitad del desierto. La poca agua de lluvia que cae se almacena en pozos, a mucha profundidad, que ascienden a la superficie creando pequeñas lagunas, gracias a las cuales las plantas crecen incluso en el caluroso y arenoso desierto. La gente cultiva en oasis «de tres pisos». Imagina un edificio: en el bajo hay cereales, arroz y verduras; árboles más pequeños crecen hasta el primer piso; y las palmas crecen en el segundo. ¡Un pequeño oasis puede proporcionar mucho alimento!

Los retoños de bambú de Jadav se han convertido ya en un pequeño oasis. Pero Jadav sigue con su tarea.

Todos los días se levanta muy temprano. Todos los días camina dos horas hasta su oasis. Todos los días planta un árbol.

Jadav recoge las semillas que encuentra en el suelo y las planta. De ese modo, su oasis crece cada vez más.

«¡Está loco!», dice la gente.

Capas de vegetación

Un bosque se compone de cinco capas diferentes:

Capa de la raíz

Se halla debajo de la tierra y alberga rizomas, tubérculos y bulbos.

Capa de musgo

Justo encima de la anterior. Tiene unos 15 centímetros de grosor y consta de plantas bajas como el musgo y de hojas secas. Aquí viven numerosos insectos, bacterias y hongos.

Capa herbácea

En esta capa crecen hierbas de hasta 1,5 metros de altura y arbustos. Estas plantas no necesitan que les dé la luz del sol directamente, pero sí mucha humedad.

Capa de arbusto

En ella se encuentran los árboles más pequeños. Estos protegen, con sus hojas, la capa herbácea de los rayos del sol. Es también el lugar preferido de muchos pájaros para construir sus nidos.

Capa de árbol

En la capa arbórea crecen árboles de hasta 45 metros de altura. Sus copas forman un techo, llamado dosel, que protege las plantas de las capas inferiores. Esta capa es el hogar de los monos, las águilas y las serpientes.

«Para conseguir que en un banco de arena estéril crezca un bosque primero hay que cambiar su suelo. Y esto solo lo pueden lograr las hormigas. Así que hice miles de viajes a mi aldea para traer hormigas al bosque. Me han mordido muchas veces. Y duele».

Jadav Payeng

Hormigas

Las hormigas son insectos. Como todos los insectos, su cuerpo se divide en tres partes: cabeza, tórax y abdomen. Y, como todos los insectos, tienen seis patas. Las hormigas llevan más de cien millones de años en nuestro planeta y están presentes en todos los continentes.

Viven en grandes grupos, llamados colonias, en los que cada individuo desempeña una tarea: las reinas ponen huevos, de los que nacen nuevas hormigas. Hay muy pocos machos, a los que se reconoce por sus alas y cuya labor es fertilizar a las reinas. Las obreras, la mayoría, son muy importantes para el bosque: airean el suelo, trituran las hojas muertas y diseminan las semillas de muchas plantas.

Jadav descubre que las plantas necesitan un suelo sano. Y para eso hacen falta hormigas. Así que coge unas cuantas de la aldea y se las lleva a su bosque.

Un día, Jadav ve un buitre posado en un árbol. «¡No hay bosque sin buitres!», piensa esbozando una sonrisa. El oasis de Jadav se ha convertido en un pequeño bosque.

«Un bosque solo está completo cuando tiene buitres. Por eso me hace tan feliz ver buitres en mi bosque».

Jadav Payeng

Buitres

Los buitres son aves rapaces. Viven en el sur de Europa, África, Sudamérica y Asia.

Son enormes. Pueden medir hasta un metro de alto y con las alas abiertas alcanzan una envergadura de casi dos metros.

Los buitres se alimentan de animales muertos. Con el calor, los cadáveres de los animales se descomponen con rapidez y se convierten en un foco de infección. El ácido estomacal de estas aves mata a todos los patógenos, de modo que no enferman al comer la carne podrida.

Su labor es indispensable pues, sin ellos, los cuerpos de cebras, búfalos o elefantes quedarían dispersos más tiempo. Los buitres mantienen limpio el medioambiente. Sin embargo, se encuentran en peligro de extinción.

«Cuando el viento sopla, produciendo una música encantadora, siento que el bosque me habla. Por eso me gusta vivir en el bosque. Jamás sería feliz en una ciudad».

Jadav Payeng

¿Has tenido que cuidar de algún animal?

Jadav se ha casado y tiene tres hijos. Viven en una pequeña choza. Sobreviven gracias a la leche de sus vacas. El pequeño Sanjay cuida el ganado. Cuando llama a las vacas, estas, que le conocen, vienen corriendo desde muy lejos. La esposa de Jadav, Binita, teje telas con las que cose ropa para su familia. Su hija Munmuni la ayuda mucho. Jadav continúa yendo a su bosque todos los días.

Por la noche, encienden una lámpara de aceite para cenar juntos. Cuando llega la época de lluvias, temen las inundaciones.

«Papá, no puedo dormir —dice Sanjay—. ¿Qué pasa si la marea sube mientras dormimos? ¡Moriremos! Llévanos lejos de aquí, a un lugar donde podamos descansar tranquilos».

¿De dónde viene el miedo?

«Brahmaputra ha destruido mi hogar muchas veces. Ahora estoy construyendo una casa de tres habitaciones donde mis escasas pertenencias estarán protegidas. Aquí estaremos a salvo los dos o tres meses de lluvias».

Jadav Payeng

¿Existirá siempre la Tierra?

Pero, para Jadav, la jungla lo es todo.

Ha construido su casa sobre pilotes para proteger a su familia.

El pequeño bosque se ha convertido en un gran bosque donde los pájaros cantan, los árboles dan sombra y las raíces de los árboles mantienen el suelo firme. El río ya no puede llevarse la tierra.
Y hay mucha gente que se ha trasladado allí, junto a Jadav. ¡Incluso han construido una escuela!

«La vida en las ciudades es muy cara, así que cuando convertí este arenal en tierra fértil, mucha gente se vino a vivir aquí. También comenzaron a cultivar. El pueblo ha crecido poco a poco y hoy alberga a 200 familias».

Jadav Payeng

El jardín de Monet
El famoso artista francés Claude Monet (1840-1926) es uno de los pintores que mejor ha recreado la naturaleza. Su serie «Nenúfares» es una obra maestra.

A Monet le gustaba pintar el mismo motivo varias veces, pero en diferentes momentos del día. La luz hacía que cada imagen pareciera diferente.

Ya mayor, decidió cultivar su propio jardín. En el pueblo de Giverny, cerca de París, creó un pequeño paraíso con innumerables parterres, árboles y el famoso estanque de nenúfares sobre el que hay incluso un puente japonés. Trabajó en su jardín durante 10 años, y allí pintó muchos de sus cuadros. ¡Si pasas cerca, lo puedes visitar! Pero si te pilla lejos, puedes contemplarlo en su obra *Estanque de nenúfares y puente japonés*, que pintó entre 1897 y 1899.

«No he tenido otro maestro que no fuera la naturaleza».

Henri Rousseau

El tigre

Es un gato enorme con un abrigo de rayas. Viven en los bosques lluviosos o los pastizales de Asia. Los tigres son depredadores, se alimentan de la carne de los ciervos, jabalíes y antílopes que cazan. De las nueve subespecies de tigre que había, tres se han extinguido y los pocos que quedan están amenazados. Los humanos están destruyendo su hábitat talando la selva tropical y, desafortunadamente, aunque está prohibido, todavía queda quien los caza.

Henri Rousseau

El pintor francés Rousseau fue autodidacta. Eso significa que aprendió solo a pintar. Pintó muchos cuadros que representaban selvas, a pesar de que jamás estuvo en ninguna. Si los examinas con detenimiento, descubrirás animales ocultos tras la vegetación.

Contempla sus fantásticas pinturas *Tigre en una tormenta tropical (¡sorprendido!)* de 1891 y *La lucha del tigre y el búfalo* de 1908.

¿Alguna vez has descubierto el rastro de algún animal? ¿Cuál?

Un día, Jadav descubre unas huellas en la tierra. Conducen a una poza.
«¡Son las huellas de un tigre! —piensa—. ¡Vino aquí para beber!».

A la mañana siguiente, Sanjay descubre una vaca muerta. A su lado, su cría trata de despertarla. «Ha sido el tigre —piensa el muchacho—. Seguro que la vaca me llamó cuando el tigre se abalanzó sobre ella». Sanjay abraza al becerro que llora y llora con él.

Cuando Jadav regresa de su trabajo en el bosque, Sanjay sale corriendo hacia él:

—El tigre debió de ver a la vaca cuando salió a pastar y se la comió. Su ternero está llorando por ella. Sin la leche de su madre, morirá pronto.

—No llores —responde Jadav—. Todos los seres vivos tenemos que comer.

—Pero nuestra familia come del dinero que obtenemos con la leche de las vacas. ¡Cómo no me va a poner triste que el tigre se haya comido a la nuestra! —responde su hijo con lágrimas en los ojos. Está muy enfadado con el tigre. Y con su padre.

💬 «Ni los tigres ni ningún otro animal salvaje de los que me rodean me han hecho daño jamás».
Jadav Payeng

💬 «No me gusta mi padre porque no comparte mi dolor».
Sanjay Payeng

💬 «Soy muy joven, pero si un animal asesina a mi vaca ante mis ojos, haré cualquier cosa por salvarla».
Sanjay Payeng

🌍 ¿Se puede sacar algo bueno de la tristeza?

«No sé cómo los animales que vivían en lugares remotos llegaron a saber de este bosque. Muchos han viajado cientos de kilómetros de distancia, dejando otras grandes selvas de la India atrás, para llegar hasta aquí».

Jadav Payeng

 Los elefantes
Los elefantes son los mamíferos más grandes que viven en tierra firme: alcanzan los cuatro metros de alto y pesan incluso siete toneladas. ¡Tanto como siete coches!

Hay especies asiáticas y africanas. El asiático tiene las orejas más pequeñas y la trompa más corta. La trompa es una nariz muy larga. Pero esa trompa no solo le sirve para oler, también la usa para andar a tientas y para agarrar objetos y comida. Y con ella absorbe hasta 10 litros de agua de una vez. También emite sonidos y la utiliza en las peleas.

Los elefantes son muy inteligentes. Son capaces de contar y de hacer algún cálculo simple. Y tienen una excelente memoria.

Por desgracia, están en peligro de extinción. Los cazadores furtivos matan a decenas de miles cada año para obtener sus colmillos, cuyo marfil venden por mucho dinero.

Algunos animales vienen de muy lejos para vivir en el bosque de Jadav. ¡Una manada de elefantes se ha instalado allí! Un día, algunos incluso marchan hasta su casa. Sanjay no les tiene miedo a esas enormes moles: «No hay nada de comer en casa. ¡Fuera de aquí! ¡Fuera!», dice en voz baja.

Los elefantes menean las orejas y les dan espalda. Pero, en su camino de regreso a la jungla, destrozan muchas casas del pequeño pueblo, entre ellas la de Jadav.

Los vecinos están muy enfadados.
—¡Fue Jadav quien llamó a los elefantes! —gritan.
—¡Destruyeron nuestra aldea por su culpa!
—Jadav tiene que morir —susurran algunos.

Por la noche, la gente prende fuego a la granja de Jadav. Él y su familia logran salvarse, pero la mayoría de las vacas perece entre las llamas.
—¡Tengo tanto miedo por ti...! —llora Munmuni.

«En su camino hacia el bosque de mi padre, los elefantes destruyeron las casas de la aldea y pisotearon los campos. Cuando la gente trató de empujarles para sacarlos de allí, la cosa empeoró. Los aldeanos culparon a mi padre de esta desgracia»
Munmuni Payeng

«Nadie quiere jugar con nuestros hijos. Ahora nadie nos habla. Nuestra familia no es nada para este pueblo».
Binita Payeng

«Nuestros vecinos más cercanos también lo odian. Lo odian con todas sus fuerzas».
Munmuni Payeng

«Me hace feliz haber logrado alimentar a una manada de 150 elefantes. Me hace muy feliz que se queden en mi bosque».
Jadav Payeng

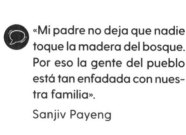

«Mi padre no deja que nadie toque la madera del bosque. Por eso la gente del pueblo está tan enfadada con nuestra familia».

Sanjiv Payeng

«El hombre es la amenaza. Él es la causa de la deforestación».

Jadav Payeng

Amazonia

Con sus seis millones de kilómetros cuadrados, la Amazonia es la selva tropical más grande del mundo. Se extiende por nueve países de Sudamérica, pero la mayor parte está en Brasil.

Recibe su nombre del río Amazonas, que la atraviesa. Esconde un auténtico tesoro, pues es el hogar de innumerables animales y plantas. ¡Muchos de ellos aún no han sido descubiertos por el hombre!

Se dice que el Amazonas es el pulmón de la Tierra. Un pulmón sin el cual el hombre no puede vivir. Aun así, todos los años el hombre acaba con casi 8000 kilómetros cuadrados de selva: más de un millón de campos de fútbol. Si seguimos así, en 2025 solo quedará el 25 % de lo que una vez fue.

Un día, unos cazadores furtivos se internan en el bosque de Jadav y matan a un rinoceronte. Jadav aprende que debe proteger a sus animales.

«Sentí un profundo dolor al descubrir que los cazadores furtivos se habían llevado sus colmillos, sus orejas y sus uñas».

«No hay monstruos en la naturaleza, a excepción de los humanos. Los humanos acaban con todo, hasta que no queda nada. Nada está a salvo de ellos, ni siquiera los tigres o los elefantes».

Jadav Payeng

Cazadores furtivos
Los cazadores furtivos atrapan y cazan animales salvajes. A menudo lo hacen solo para obtener su pelaje, sus cuernos o sus colmillos, que venden por grandes cantidades de dinero. Por ese motivo, tigres, rinocerontes y elefantes están en peligro de extinción. Esto significa que quedan muy pocos y que corren el riesgo de desaparecer. La caza furtiva está prohibida.

¿Es malo que una especie se extinga? ¿Por qué?

«Hoy, al mirar mi bosque, contemplo también el esfuerzo de 35 años de trabajo. Uno a uno, sin prisa pero sin pausa, he creado un bosque».

Jadav Payeng

Hectárea
El bosque de Jadav tiene hoy más de 550 hectáreas. ¿Qué significa eso? Si quieres medir un terreno grande, las unidades de medida convencionales no son suficientes, por eso hablamos de hectáreas, que se refieren a un área de 100 por 100 metros. Seguro que así te haces una idea: un campo de fútbol suele medir 68 por 105 metros, menos de una hectárea. El bosque de Jadav es del tamaño de ¡770 campos de fútbol! ¡Y sigue expandiéndose!

Desde hace más de cuarenta años, Jadav va a su bosque cada día. Ahora es enorme y muchos animales han establecido allí su hogar.

Una mañana aparece un periodista y hace un montón de fotos.

Al día siguiente, todo el país conoce la historia de Jadav y su bosque.

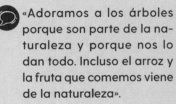

«Adoramos a los árboles porque son parte de la naturaleza y porque nos lo dan todo. Incluso el arroz y la fruta que comemos viene de la naturaleza».

Jadav Payeng

«El hombre que plantaba árboles»

El escritor francés Jean Giono escribió en 1953 un relato titulado *El hombre que plantaba árboles*. Cuenta la historia de un pastor que convierte un valle desértico de Francia en un bosque, plantando un árbol cada día. El libro fue un gran éxito y ha sido traducido a muchos idiomas. En 1987, el director de cine canadiense Frédéric Back transformó la historia en un corto animado.

¿Qué amas?

¿Qué se te da bien?

¿Qué necesita el mundo?

¿Por qué podrías hacerte famoso?

Majuli Festival

Es un gran festival que tiene lugar en la isla de Majuli cada noviembre del año. Durante cuatro días, la gente celebra su cultura: comida tradicional, productos hechos a mano y espectáculos de danza con trajes típicos de grupos venidos de todos los rincones del país.

Movimiento Cinturón Verde

En Kenia no llueve mucho. Por lo tanto, la mayoría de sus terrenos son sabanas: áreas en las que crecen pastos y arbustos pero apenas árboles. La keniana Wangari Maathai tuvo la idea de reforestar la tierra plantando árboles. En 1977, fundó el Movimiento Cinturón Verde. Ella misma enseñó a miles de mujeres a plantarlos y cuidarlos. Y les mostró también cómo obtener miel y producir comida. El movimiento de Wangari Maathai ha plantado ¡más de 30 millones de árboles!

Wangari Maathai

Profesora, científica, política y activista ambiental, Wangari Maathai no es únicamente conocida como fundadora del Movimiento Cinturón Verde, sino también por su firme apoyo a los derechos de la mujer en Kenia. De hecho, ha sido la primera mujer africana en recibir el Premio Nobel de la Paz.

Al final, la gente del pueblo también se dio cuenta de lo importante que el bosque de Jadav es para los humanos y para los animales.

Ahora lo llaman, con orgullo, «el hombre bosque de la India». Porque, paso a paso, día a día, Jadav cambió el mundo para hacer de él un lugar mejor.

¿Y a ti?
¿Se te ocurre alguna idea para hacer del mundo un lugar mejor?